UN SERGENT

DE

L'A GARDE NATIONALE

A SES CAMARADES.

—

1er MAI 1837.

—

Je travaillerai au bonheur de la France par vous et avec vous, comme un bon, comme un vrai père de famille.

(Réponse du Roi à la députation de la Chambre, le 31 juillet 1830.)

PARIS

CHEZ LES MARCHANDS DE NOUVEAUTÉS.

1837

PARIS. — IMPRIMERIE DE HENRI DUPUY, RUE DE LA MONNAIE, 11.

UN SERGENT

DE

LA GARDE NATIONALE

A SES CAMARADES.

—

1er MAI 1837.

—

MES CAMARADES,

Vous qui tenez à la stabilité de nos institu-
tions, qui savez tout le bien que le Roi veut et
peut faire pour le pays; qui pressentez ce que
nous ferait de mal une révolution nouvelle où
pourtant on cherche en vain à nous conduire,
ce n'est pas pour vous que je publie ce léger
opuscule, car vous aimez tout autant que moi
le Roi populaire que nous possédons ! Mais il y
a des esprits faibles et indécis sur lesquels les
discours des fauteurs d'émeutes exercent quelque influence, et c'est à leur intention que j'ai
rédigé ce petit écrit : ils seront disposés sans
doute à écouter la voix d'un camarade ami de
l'ordre, ami de la liberté, ami d'un gouvernement fondé par des patriotes; dévoué au Roi

qui, aux yeux de tous les gens sages, est le seul prince capable de conserver la France dans l'état d'indépendance et de grandeur où seul il l'a fait parvenir.

Que disent aujourd'hui les feuilles anarchiques? Elles prétendent que le commerce est dans un état de désordre épouvantable; que la misère est à son comble; que les ouvriers sont sans travail et sans pain; que la France entière est en péril.

A quoi attribuent-elles ce malaise dont elles nous font un aussi effroyable tableau? Comment essaient-elles de justifier les craintes dont elles nous assiégent?

Elles osent avancer qu'il faut en accuser notre Roi, parce qu'il se montre trop humble vis-à-vis des cabinets étrangers; parce que, déjà possesseur d'une immense fortune, il demande encore aux Chambres pour les divers membres de sa famille; parce qu'il n'encourage point le commerce; parce qu'il refuse sa clémence aux prisonniers politiques; parce qu'il appelle à son aide la justice exceptionnelle de la pairie; parce qu'il fait poursuivre avec une rigueur extrême les associations.

Examinons :

§ I. *Le Roi vis à-vis des Cabinets.*

Le Roi humble! En vérité, on ne conçoit pas ce reproche, c'est-à-dire on ne conçoit pas qu'on puisse l'adresser au Roi, surtout en présence des faits qui viennent lui donner un démenti si formel, si positif.

En 1830, le Roi fit connaître son avènement au trône à tous les souverains : non-seulement c'était un usage qu'il fallait accomplir, mais encore, ayant reçu la couronne des mains d'une insurrection populaire, il y avait nécessité de prémunir ces princes contre de mauvaises suggestions et leur annoncer que tout était fini avec les Bourbons aînés, qu'une ère nouvelle de liberté commençait pour la France.

Puis, au même moment, le Roi envoya en Afrique le maréchal Clauzel afin de consolider cette conquête d'Alger, qui a tant tourmenté depuis quelques-unes des puissances de l'Europe, envieuses d'une possession aussi belle sur la Méditerranée ; qui a tant occupé le divan de Constantinople qu'il a cru devoir aider les Arabes dans les derniers mouvemens qu'ils ont tenté contre nous.

Puis encore il chargea le prince de Talleyrand de négocier une alliance avec l'Angleterre, nation la plus libre du monde : ce prince habile réussit dans sa mission. Il fit plus, il amena le conseil de Londres, ainsi que le désirait le Roi, à signer un traité d'union avec nous, l'Espagne et le Portugal, pour tenter tous les moyens possibles d'asseoir le trône constitutionnel d'Isabelle II. Croit-on que tout cela se soit fait sans déplaire à plusieurs monarques absolus du Nord et de l'Italie? Donc le Roi ne s'est pas montré humble.

Le Roi ne s'est pas arrêté là. L'Autriche intervenant en Italie, afin de dominer les peuples de cette contrée, le Roi se hâta d'envoyer une de nos divisions à Ancône, où l'on respecte maintenant notre autorité.

Après avoir refusé la Belgique deux fois, l'une pour nous, l'autre pour le duc de Nemours, le Roi s'empressa de secourir le nouveau roi belge, devenu notre allié, contre le roi de Hollande. Une armée française, dans laquelle commandaient le duc d'Orléans et le duc de Nemours, refoula les Hollandais sur leur frontière, assiégea et prit Anvers, et tout en se couvrant de gloire, assura à la Belgique une paix dont elle avait le plus pressant besoin.

Et n'est-ce pas notre Roi qui accueillit D. Pédro dépossédé? qui lui donna des armes, des munitions, de l'argent, des hommes, pour aller reconquérir son royaume?

Lorsque tout cela s'est fait et que la France le sait, dire que le Roi s'est montré humble vis-à-vis des cabinets étrangers, c'est mentir sciemment, c'est mal cacher une intentention méchante et des espérances coupables dont le bon sens de la France a déjà fait justice.

§ II. *Le Roi demande pour sa Famille.*

Certainement le Roi demande aux Chambres pour les membres de sa famille : est-ce un droit qu'il exerce? Incontestablement. Et ce droit est-il une concession, une volonté du pays? Oui.

Chacun est le maître de fixer ses idées à cet égard, en consultant le Recueil de Rondonneau. La loi du 2 mars 1832, articles 20 et 21, a exprimé d'une manière expresse le droit dont le Roi vient user en ce moment. Au surplus, pour éviter toute recherche, nous allons transcrire ici le texte même de ces deux articles :

20. L'héritier de la couronne, prince royal, recevra sur les fonds du trésor une somme annuelle d'un million. Cette somme sera augmentée, s'il y a lieu, et par une loi spéciale lorsqu'il se mariera.

21. En cas d'insuffisance du domaine privé, les dotations des fils puînés du Roi, et des princesses ses filles, seront réglées ultérieurement par des lois spéciales.

Qui peut douter maintenant?

Rien n'est plus facile que de répondre à ceux qui avanceraient que le domaine privé n'est point insuffisant; une comparaison de chiffres suffira.

Charles X et sa famille touchaient 32 millions, tandis que le Roi et le duc d'Orléans n'en reçoivent que 13 du trésor.

Sous Charles X, la dotation de la couronne était immense; elle a été restreinte par la loi de 1832, quoique les charges de la liste civile soient à peu près les mêmes.

Enfin, Charles X disposait de 60 millions au moins; le roi actuel ne saurait point aller au-delà de 25 à 30 millions.

Qu'on remarque que le duc d'Orléans, prince royal, ne possède rien, absolument rien.

Et ces calculs si simples, qui sont de nature à porter la conviction dans les esprits les plus prévenus, eh bien! les manipuleurs de la pensée publique feignent de ne les point comprendre, et les interprètent et les corrompent dans l'intérêt des partis qui les soudoient.

§ III. *Le Roi n'encourage pas le Commerce.*

D'abord est-il vrai que le commerce souffre comme légitimistes et républicains l'annoncent et en propagent le bruit dans leurs journaux, dans leurs salons, dans les lieux publics?

Non ; il y a mensonge évident.

Interrogez le greffe du Tribunal de Commerce : quel grand nombre de jugemens sont rendus chaque jour ! C'est la preuve la moins contestable de l'état du commerce : point d'affaires commerciales et point d'activité au Tribunal des commerçans.

Si d'ailleurs le commerce était dans un état de gêne tel que le veulent faire croire les ennemis du gouvernement, les commerçans se seraient-ils réunis en masses aussi compactes pour les nominations dans la garde nationale? Mécontens, ils eussent formulé leurs plaintes par un éloignement expressif.

Et la Bourse continuerait-elle de dépasser le pair?

Personne n'ignore que le commerce éprouve tous les cinq ou six ans une gêne momentanée, qu'expliquent la trop grande fabrication et le trop plein des magasins. Il y a aussi des instans de stagnation causés par le manque de demandes de l'étranger. Mais l'étranger et la population éprouvent bientôt des besoins, et l'embarras cesse graduellement et le commerce reprend son cours habituel.

Dans tous les cas, conviendrait-il d'accuser le Roi des chances si souvent hasardeuses du commerce, surtout quand chaque genre d'industrie est sans limites, quand les établissemens sont devenus si faciles, que tous les hommes, si minces que soient leurs ressources, peuvent tenter la fortune du comptoir, quand le nombre infini des maisons de même nature doit nuire indubitablement à la prospérité générale du commerce, et particulièrement au succès de chacune d'elles?

Ces travaux publics dans les villes, ces chemins de fer, ces routes qui facilitent les relations, n'est-ce pas le Roi qui les ordonne? Le commerce n'en profite-t-il pas?

Fait-il attendre ses secours, lorsque les villes manufacturières réclament ses bienfaits?

La Reine, madame Adélaïde, les huit enfans du Roi ne vont-ils pas au-devant de tous les malheurs privés?

Le Roi étend de toutes parts les marques de son inépuisable bienveillance; le Roi sait que le commerce est la vie des grands Etats; et si celui de la France a reçu de légères atteintes passagères, il n'a pu dépendre de lui de les épargner aux commerçans.

Il y a tactique de parti à s'emparer de ce sujet, à *produire le mal*, pour donner quelque couleur à la calomnie qu'on débite.

§ IV. *Refus de clémence.*

La discussion sur ce point est ardue et difficile; car on peut être taxé d'inhumanité, si l'on invoque la sécurité du trône ou la paix publique pour approuver une rigueur indispensable.

Demandez aux veuves, aux fils, aux frères, aux amis de ces soldats-citoyens qui ont versé leur sang au milieu des émeutes de Paris et de Lyon, s'ils seraient satisfaits qu'on ouvrît aux bourreaux de leurs maris et de leurs pères la porte des prisons où la justice les a relégués.

S'ils y consentent, demandez à la famille du Roi, à la France inquiète, s'ils verraient sans chagrin ces fauteurs de guerre civile rendus à une liberté dont ils ont fait déjà un si terrible usage.

Si tous se prêtent à votre prière, soyez assez sages, avant de poursuivre, pour jeter un regard sur ces prisonniers d'un ordre spécial, afin de chercher à deviner l'avenir que vous et eux prépareriez au pays.

Les uns ne se décorent-ils pas de couleurs vertes et blanches, les autres de couleur rouge? Leurs insignes n'indiquent-ils pas la servilité ou le sang?

Et leur langage, et leurs espérances, qui son des expressions de vengeance et de haine, qu'en dites-vous?

N'écoutez pas toujours le cri d'un cœur humain qui trahit malgré vous l'intérêt de la patrie; défiez-vous de ces plaintes calculées qui reposent sur un désir d'anarchie : mais fiez-vous à la sagesse du Roi, qui comprend mieux que vous le bonheur de la France, et qui, par sa clémence, vient de prouver à l'Europe attendrie combien il est doux pour son cœur paternel de pouvoir pardonner. Oui, notre auguste Monarque avait signé la grâce du condamné Meunier avant que son pourvoi fût parvenu aux pieds du trône; avant même que la mère de ce grand criminel, tombant suppliante aux genoux de la Reine, vînt baigner en sanglottant ses mains royales de ses pleurs. En cet instant paraît le Roi; c'est lui-même qui annonce à la mère du régicide que son fils ne mourra pas : IL S'EST REPENTI SIN-

CÈREMENT, JE VEUX QU'IL VIVE, ET JE N'AI POINT ATTENDU SON POURVOI POUR LUI FAIRE GRACE ET LUI FAIRE SAVOIR. En même temps, Sa Majesté, relevant cet infortunée qui succombait à tant d'émotions, la fait asseoir dans un fauteuil, et continue de lui prodiguer les paroles les plus bienveillantes. Français, que notre admiration se fasse jour! que nos larmes de joie et que l'amour éclatent en ce jour solennel! Vive Philippe Ier! vive le Roi!

§ V. *Justice exceptionnelle de la Pairie.*

Quels sont donc les procès que le Roi a dévolus à la pairie? les compte-t-on par centaines? A entendre les jongleurs des factions, ne dirait-on pas que la moitié de la France a été jugée exceptionnellement par le second des grands pouvoirs de l'Etat!

Voyons :

Jugement des ministres de Charles X en 1830;

Jugement dit *procès d'avril*, parce qu'on avait compris dans une seule et même instruction tous les émeutiers qui pendant ce mois avaient remué vingt villes de France en 1834 ; ce procès est de 1835 ;

Jugement Fieschi en 1836 ;

Jugement Alibaud en 1836 ;

Jugement Meunier en 1837 ;

Ainsi, cinq jugemens ! et, qu'on le remarque bien , les deux premiers pour attentat à la sûreté du pays et excitation à la guerre civile , les trois derniers pour assassinat sur la personne du roi et des princes ses fils.

Le Roi, par respect pour les art. 22 et 28 de la Charte , devait saisir les pairs de la connaissance de ces différens procès : que n'eût-on pas dit si le Roi , violant la Charte , eût laissé aux tribunaux ordinaires le soin de prononcer sur ces crimes !

Et parce que le Roi s'est soumis aux exigences de notre pacte social , on l'attaque dans l'action la plus respectable d'un monarque constitutionnel ! L'injustice est une arme commune aux partis ; il suffit de la signaler ici aux honnêtes gens pour qu'ils mettent en garde les faibles contre des insinuations aussi méprisables.

§ VI. *Poursuite des Associations.*

Comprenez - vous ? les conspirateurs , les émeutiers se plaignent que , en conformité d'un art. 291 du Code pénal , on fasse fermer leurs clubs. Et comme l'aveuglement des passions les entraîne à l'imprudence, au lieu de s'en plaindre à la volonté de la loi qui nous régit, ils vont partout criant que le Roi est l'ennemi des libertés populaires.

Mais jusqu'à l'abrogation de cet article du Code, que peuvent les tribunaux qui poursuivent, et le Roi qui permet l'application de la loi ?

Que les clubistes, ces perpétuels auteurs de nos troubles, réclament aux Chambres des droits que les précédens législateurs ont cru prudent de leur refuser.

Le bout de l'oreille perce-t-il? allons, Messieurs de la législature, hâtez-vous donc d'autoriser les anarchistes à se poser librement parmi nous, à prêcher publiquement les maximes les plus subversives du repos des Etats, à s'organiser, sans obstacle, en légions d'assassins !

Ah ! n'hésitons point à l'affirmer : si le Roi avait la faiblesse de consentir aux associations, le Roi et sa famille seraient perdus. Que deviendrait alors la France !

ÉPILOGUE.

On sent que dans un écrit d'aussi peu d'étendue, créé pour l'heureuse circonstance de la fête du Roi-Citoyen, nous n'avons pu qu'effleurer quelques-uns des principaux sujets de reproches adressés à notre monarque constitutionnel.

On a vu cependant qu'aucun de ces reproches n'était fondé, et que tous au contraire prenaient leur origine dans les desseins plus ou moins cachés de partis intéressés au mensonge, à la perturbation des esprits, au trouble de la Foance. Rallions-nous donc à jamais au drapeau populaire du 9 août; ayons foi en la haute intelligence, aux sentimens nationaux du Roi, et rappelonsnous toujours que ce prince a tenu, complètement tenu la promesse qu'il avait faite à nos mandataires le 31 juillet 1830.

« *Je travaillerai au bonheur de la France, par vous et avec vous, comme un bon, comme un vrai père de famille.* »

VIVE PHILIPPE Ier! VIVE LE ROI!